人生小語

獻給母親
你愛故我在
——作爲她八十大壽的禮物

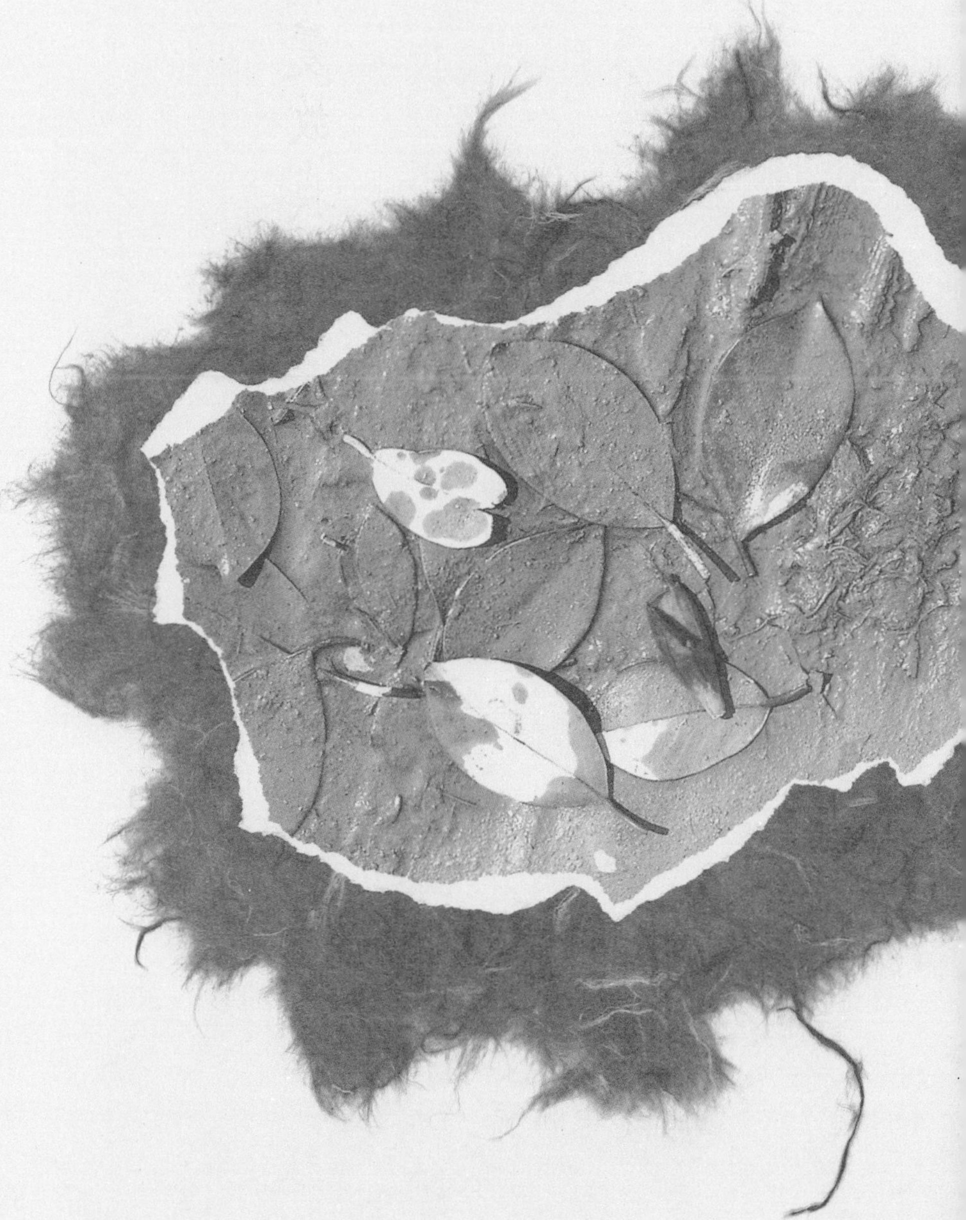

我愛故我在

——代序

我愛故我在。
你愛故我在。
我愛故你在。

你愛故你在。

我愛故我是。
你愛故我是。
我愛故你是。
你愛故你是。

我愛故我存。
你愛故我存。

我愛故你存。
你愛故你存。

我愛故我留。
你愛故我留。
我愛故你留。
你愛故你留。

我愛故我爲。

你愛故我爲。
我愛故你爲。
你愛故你爲。

我愛故我成。
你愛故我成。
我愛故你成。
你愛故你成。

我愛故我眞。
你愛故我眞。
我愛故你眞。
你愛故你眞。

我愛故我善。
你愛故我善。
我愛故你善。
你愛故你善。

我愛故我美。
你愛故我美。
我愛故你美。
你愛故你美。

一九九三年冬日・舊稿

一

文明經常「無中生有」。
語言有時「弄假成眞」。

二

無中生有常常是對自然的不滿。
弄假成眞有時是對野性的修正。

三

文字不是用來引誘感覺。
語言卻常旨在建立概念。

四

有了概念才有理性。
有了概念才有感情。

五

感覺可以熾熱，但無法堅強。

六

熾熱是燒毀的過程。
堅強才是持久的保證。

七

有人常常追尋感覺的熾熱，但卻遺忘了保持意志的堅強。

八

感覺可能瘋狂，但無法勇敢。

九

瘋狂只是毀滅的前奏。

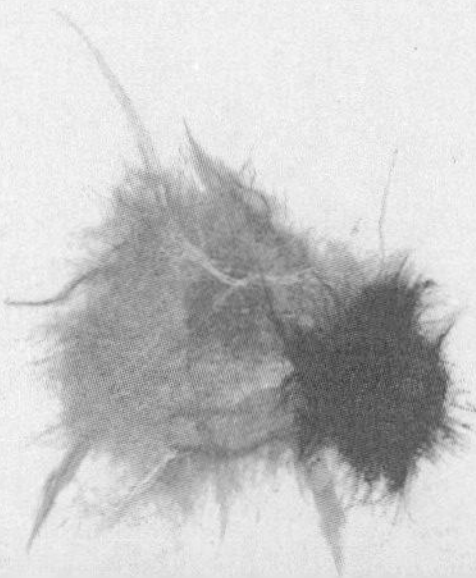

感覺予心熾熱，仍無法堅強。

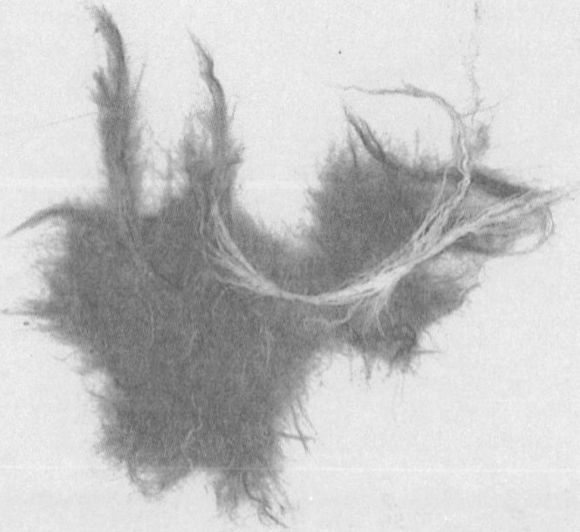

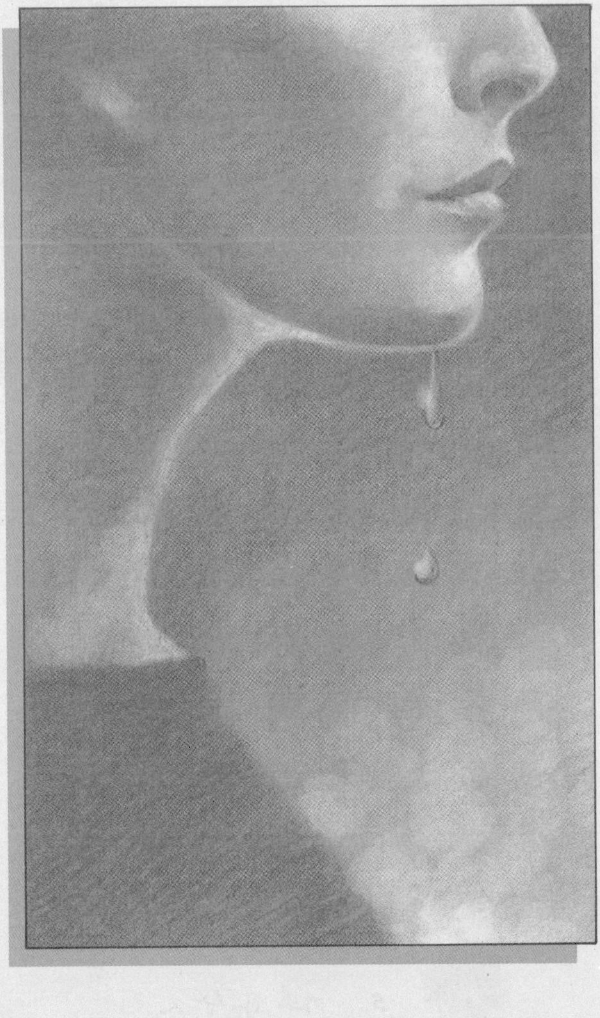

勇敢才是意志的表徵。

一〇
沒有概念的感情最後淪爲一堆「阿米巴」似的感覺——即使那感覺曾經熾熱。

一一
喪失意志的感情很快化做一團軟綿綿的感覺——即使那感覺曾經瘋狂。

一二
軟綿綿的感覺無法自己站立。

一三
無法自己站立的，不能堅貞持久。

一四

一團軟綿綿的感覺無法堅貞持久。

一五

感情中涵有概念。

意志裡涵有概念。

一六

感情中的概念令感情堅貞。

一七

堅貞的感情涵藏著清晰的概念。

一八

意志裡的概念使意志堅定。

一九

堅定的意志涵藏著明確的概念。

二〇

我們在概念中立志。
我們在概念裡涵情。

二一

美好的感情需要培養。
深刻的感情起於想像。

二二

想像不能只憑感覺。
想像需要訴諸概念。

二三

感覺只要攝取。
感情需要思考。

二四

思考不能單憑感覺。
思考需要訴諸概念。

二五

感情需要訴諸概念。

二六

有時想像比實際更加美好。
有時想像比實際更加眞切。

二七

想像依從理想的意願。

實際失誤於現狀的安排。

二八

想像的編織可望聽命於感情。
實際的沈溺容易迷惑於感覺。

二九

想像的深刻提升感情。
實際的沈溺淡化感覺。

三〇

培植中的感情愈走愈深刻。
沈溺不醒的感覺愈用愈淺薄。

三一

人因想像而不滿現狀。

想像的結果令人懷抱著理想。

三二

感覺只停留於現狀。
感情懷抱著理想。

三三

人因不滿現狀而懷抱理想。
人因追求理想而成就文明。

三四

感覺只有瞬間的姿彩，它只容納片刻的光輝。

三五

不是此刻的感覺不是眞正的感覺——最多只是
失去了感覺的感覺。

三六

感覺的回憶不是當初的感覺。

三七

褪色的感覺不再是眞正的感覺。

三八

感覺傾向褪色。

感情立志澄清。

三九

有時感情爲感覺所挾持。

四〇

有時感情被感覺所引誘。

四一

深刻的感情不被感覺所挾持。

四二

堅貞的感情不爲感覺所引誘。

四三

感覺不分來歷，它只計較有無。

四四

感覺容有強弱久暫，但卻沒有高下深淺。

四五

感覺容有酸甜苦辣，但卻難分喜惡愛恨。

有时
感情被
感觉所
引诱。

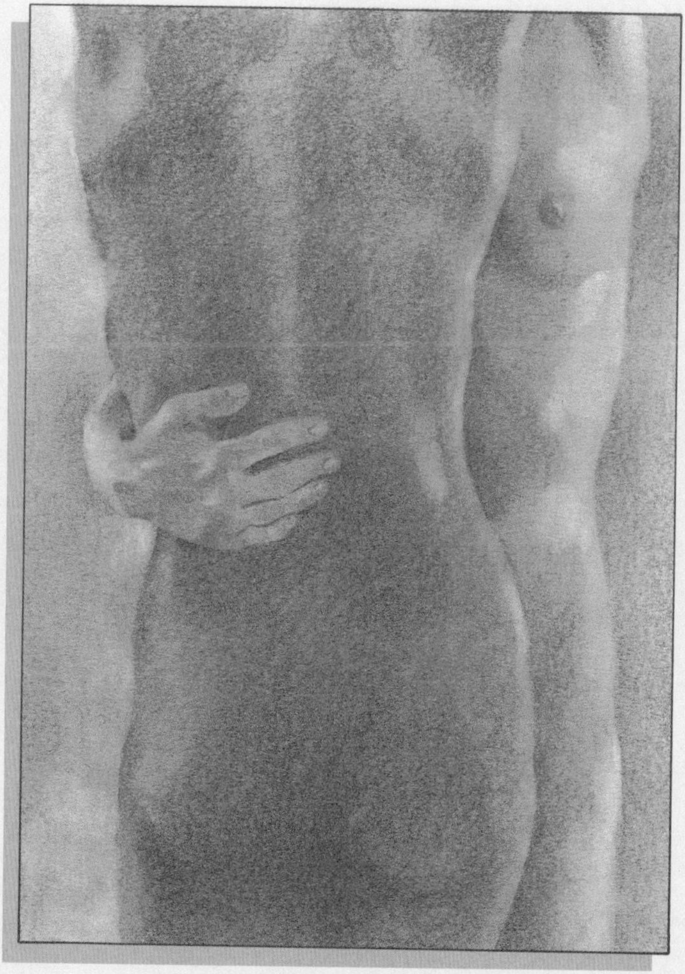

四六

感覺不分裡外。
就是來自外在的刺激，也是內心的感覺。

四七

愛情無懼於刻骨銘心的感覺。
可是只知懷抱著刻骨銘心的感覺，往往遺忘開
啓愛情的窄門。

四八

愛有輕鬆愉快的天地。
愛也有矜持固執的窄門。

四九

愛情不怕興奮刺激的感覺。
但是興奮刺激的結果，可能將愛情排拒心外。

五〇

只訴諸感覺，兩情的相悅往往導致懶散怠慢。

五一

相愛經常導致兩情相悅。

五二

如果只訴諸感覺，相愛經常導致懶散怠慢。

五三

如果要相愛，而又不願導致懶散怠慢，那麼千萬不要只訴諸感覺。

五四

相愛不是不停地吞食感覺。

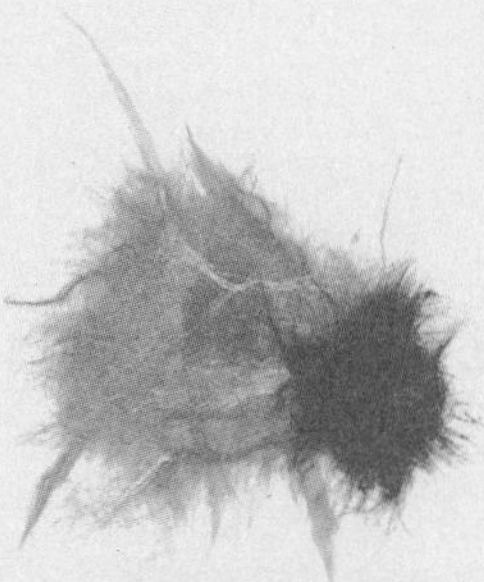

相愛是不斷地建立感情。

五五

寒冬第一個晨早，氣溫驟降，人影消失，就連
街頭那霓紅燈都只閃亮半邊。
氣溫驟降就不見了平時早起的人。
啊，他們還是依憑感覺行事。

五六

難道氣溫驟降就遺忘了天邊的明月？
難道冷酷寒冬就背棄中天的星星？

五七

嚴冬就深縮不前，那是臣服於感覺。
風雨依然聞雞起舞，的確發揚了堅決的意志。

五八

寒冷就不早起的小鳥聽憑感覺行事。
嚴冬依舊荷鋤早出的農夫訴諸意志作爲。

五九

嚴寒的大清早，天空特別沈靜，星星特別耀眼。
它們象徵那不畏懼酷冷的靈魂。

六〇

嚴冬的大清早，街上沒有半點人影。只有一對
小情侶在寒燈下，依著欄杆，默然相對。
瞧，那生命的熱力。

六一

生命裡最熾熱的，是愛的能和力。

六二

情侶的甜蜜有時只憑藉感覺。
夫婦的親和經常依靠意志。

六三

感覺只是自然的機制。
感情才是文明的結晶。

六四

愛情容有自然的機制。
(愛有美好的感覺，然而只是美好的感覺並不就是愛。)

六五

感情生有意志的骨骼。
感覺只有感情的外貌。

六六

感覺有時拋棄感情。
感覺有時背叛感情。

六七

奇妙的感覺有時只是美好感情的假相。

六八

奇妙的感情在深層的內心裡往往有份美好的感覺。

六九

依憑感覺界定感情，最終將感情弄得面目全非。

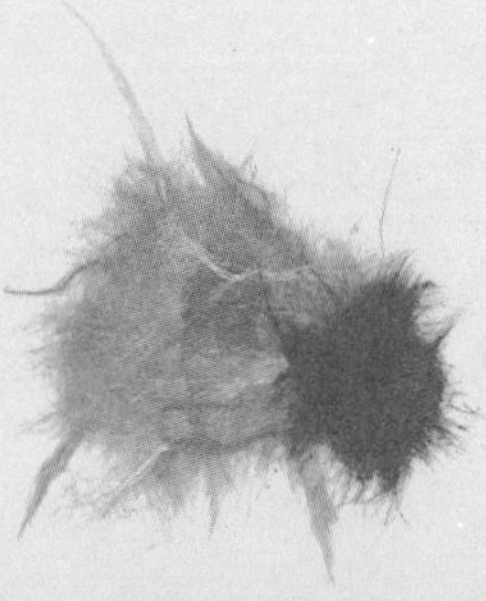

七〇
有時只憑感覺去定義感情，最後把感情弄得面目可憎。

七一
愛有它美好的感覺。
但是我們不能單憑這感覺去界定什麼是愛。

七二
只是美好的感覺並不就是愛。
愛的事遠超「感覺主義」的眼界。

七三
性有時也有它奇妙的感覺。
但是只憑這感覺卻道說不出性的意義。

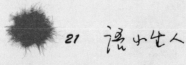

七四

性的美妙的感覺不只是性的感覺。
它是情的感覺，有時甚至是愛的感覺。

七五

在人性的文明裡，性的事不只迷惑於美好的感覺，它更在努力追尋甜美的意義。

七六

人性的故事在深層的根底上是人的性的故事。
（人類的文明建立在有男有女的基礎上。）

七七

文明人性的歷史是人類征服野蠻的性的事的開荒史。

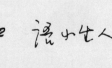

七八
人生在追求意義。
感情是生命中最親切的意義。

七九
愛是最甜美的感情。

八〇
愛是最甜美的意義。

八一
愛的生命是最甜美的生命。

八二
感情需要涓涓積蓄。
它經不起激情那洪水海嘯般的揮霍。

八三

涓涓積蓄令人情深。
盲目揮霍導人情薄。

八四

性有時是情的揮霍。

八五

激情經常是愛的透支。

八六

性經常涵蘊著激情。
它經常被激情所驅使。

八七

揮霍的結果有時不只令人傾蕩。
情的揮霍經常進而誘導愛的透支。

八八
性經常導人情薄。
愛永遠令人情深。

八九
美好的想像是涓涓的積蓄。
想像常常令人更加情深。

九〇
性追求坦白，但卻不一定要存於激動。

九一
激動的結果常常令性變得不坦白。

九二

溫柔的性涵藏一片溫馨。
激動的性眼見葉葉飄零。

九三

性可以溫柔從事——即使最終還是激動熾熱。

九四

熾熱是燒焦碳化的前奏。

九五

愛也有可能被燒焦碳化。

九六

性常將情燒焦，把愛碳化——化爲灰燼。

熾熱是
燒焦
碳化的前奏。
愛也有可能被
燒焦
碳化。

九七

我們不太容易從事不生情的灰燼的性。

九八

我們即使不易避免將情燒成灰燼，也要珍惜情的餘灰，令其復燃。

九九

文明常常在文化的灰燼裡復燃重生。

一〇〇

激動的性燒焦了一片情的草原。
愛情的春風細細吹拂，又令它青綠重生。

一〇一

有時我們不能將心情放得太過輕鬆。
人生不只是一場遊戲。

一〇二
生命不是遊戲。
它更不是兒戲。

一〇三
感情是最親愛的生命。
感情最不是一場遊戲。

一〇四
愛是最甜美的生命。
愛最不是一場遊戲。

一〇五

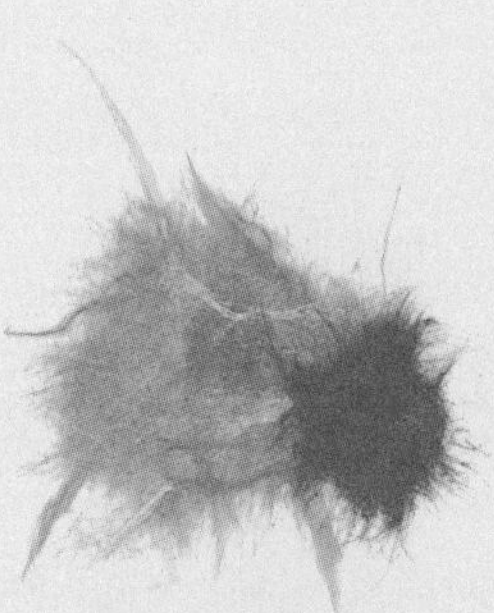

遊戲可以只憑興緻終始。
生命不能單靠喜好起落。
（情也是，愛更是。）

一〇六

遊戲不妨隨心所欲。
生命怎能爲所欲爲。

一〇七

感情怎能爲所欲爲。
愛怎能爲所欲爲。

一〇八

生命是嚴肅的事。

一〇九

人生是嚴肅的事。
感情是嚴肅的事。
愛是嚴肅的事。

一一〇

歡欣的事並不就是不嚴肅。

一一一

生命可以是歡欣的事。
人生可以是歡欣的事。

一一二

感情是歡欣的事。
愛是歡欣的事。

一一三

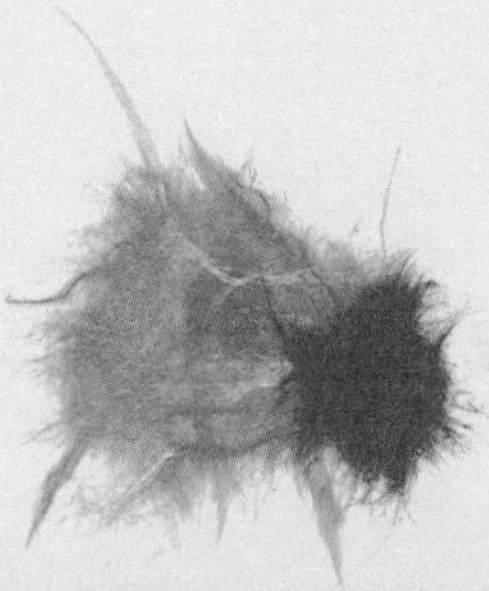

歡欣而不嚴肅的是自然的欲求呼喚。
歡欣而嚴肅的是文明的守成克制。

一一四

嚴肅的事有嚴肅的原理。
嚴肅的事有嚴肅的使命。

一一五

人性的原理是嚴肅的原理。
文明的使命是嚴肅的使命。

一一六

生命之中有人性的原理。
生命之中有文明的使命。

一一七

感情有人性的原理。
感情有文明的使命。

一一八

愛有人性的原理。
愛有文明的使命。

一一九

有時我們將生命中的許多事交由他人代理。
可是感情的事，別人無法前來替代。

一二〇

思想勾畫出我們人生的輪廓。
感情界定了我們生命的內涵。

一二一

做壞了別的事，我們總可以假定會有人接著前來收拾殘局。

然而感情的事，我們是自己最後的主宰。

一二二

（感情是我們最親愛的生命。）

我們是自己生命最後的主宰。

一二三

（感情是我們最眞實的生命。）

我們是自己感情最後的主宰。

一二四

每一個人擁有一個精神世界。

每一個人的精神世界各自不同。

一二五

每一個人擁有一個情的世界。

所有人的情的世界都迥然兩樣。

一二六

每一個人開拓自己的語言，支撐自己的精神世界，發展自己的意義空間。

一二七

個人語言是精神世界的表現。

沒有個人語言，精神世界喪失情意的支架。

一二八

每一個人有不同的情的樣態，更有相異的情的深度。

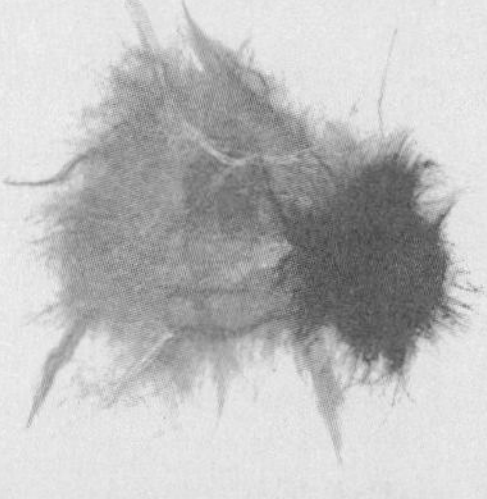

每一個人
情的
世界。
所有人
迥然
兩樣。

擁有一個
的情的世界都

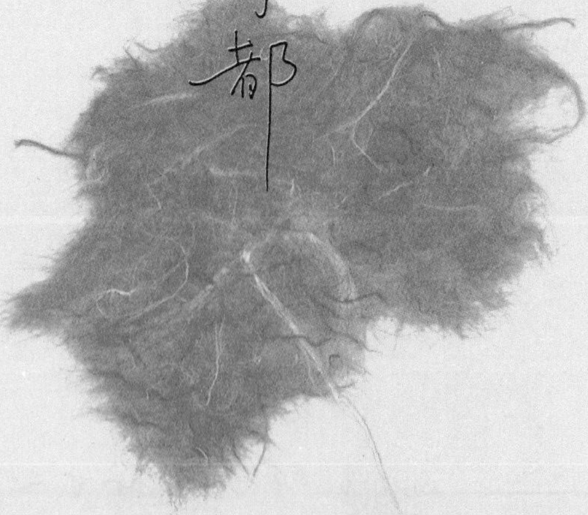

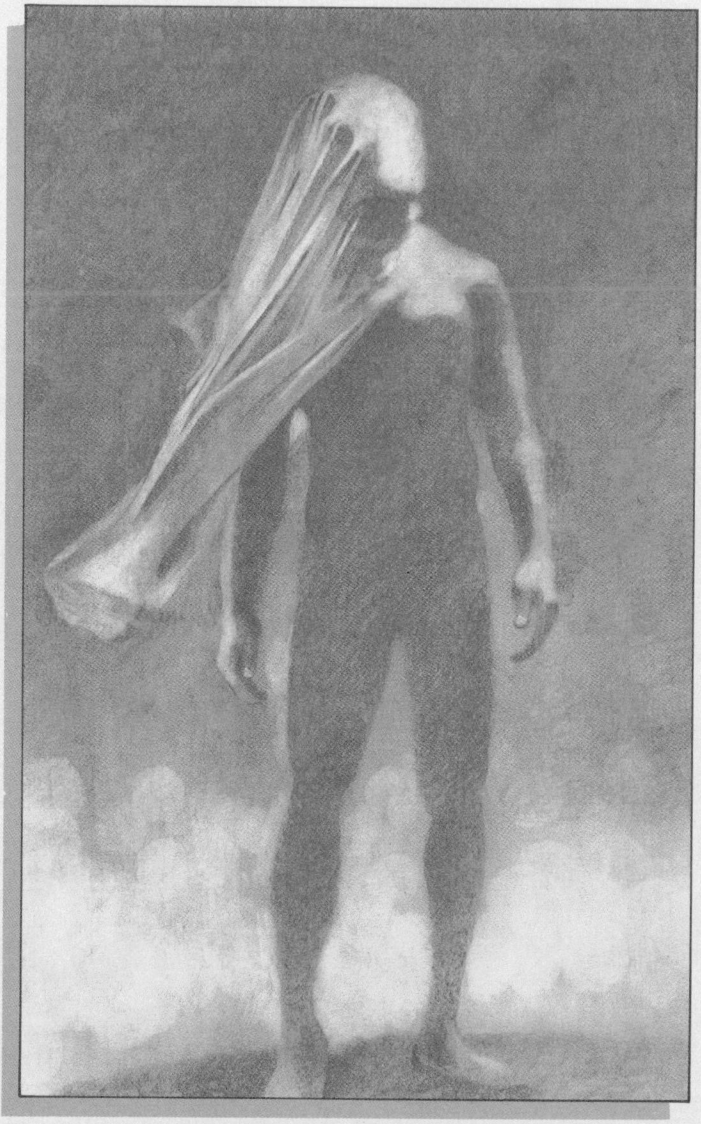

一二九

有時重要的不是塵世的樂土，而是內心的彩虹。

一三〇

由於追尋內心的彩虹，我們開闢人間的樂土。

一三一

有時我們得到塵世的樂土，接著失去內心的彩虹。

一三二

有人即使不在塵世的樂土，也不斷耕耘內心的彩虹。

一三三

內心的彩虹襯托人性的光明。
塵世的樂土考驗人性的陰暗。

一三四

有時感性的弦音在我們的內心裡飄盪。
我們需要一件樂器，譜出生命的歌曲。

一三五

語言是我們的樂器。
雕刀是我們的樂器。
畫筆是我們的樂器。
琴瑟當然是我們的樂器。
甚至我們的身體也可以成爲我們的樂器。

一三六

有時我們自己的身體就是我們生命最親密的樂

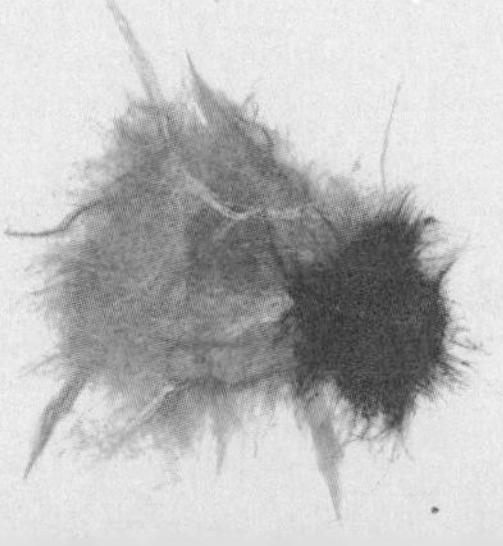

器。

一三七

我們可以活出生命的歌曲。
我們可以舞出人性的樂章。

一三八

我們自己的身體固然是樂器。
有時別人的身體也成了我們的樂器。

一三九

有時兩個人的身體成了共振齊鳴的樂器。

一四〇

樂器不只爲了製造聲響。
它的目的在於奏出美妙可聽的歌。

一四一

人生有待細心編寫，認眞譜成一曲美妙可聽的歌。

一四二

性可以演化成爲樂器。

（人性全是演化的成果。）

一四三

樂器不宜胡亂撥弄，它用來給人細心演奏。

一四四

性不宜胡亂撥弄。

它用來細心演奏。

有时
兩個人的
身体成了
共振
齊鳴的
樂器。

一四五
情爲愛去譜寫。
性爲情而演奏。

一四六
我們可以努力譜寫，暫時不必急於演奏。

一四七
我們可以無性而有情。
我們可以未愛而生情。

一四八
愛情的性事没有公衆的規律。
它只有個人的語言。

一四九

具有公衆規律的不是愛情的性事。
那只是生物的公式。

一五〇

公雞母雞跟從生物的公式。
牠們不在從事愛情的性事。

一五一

公雞母雞只有公衆的語言。
牠們沒有個人的意義空間。

一五二

性的樂曲只能私下譜寫。
它更不宜公開演奏。

一五三

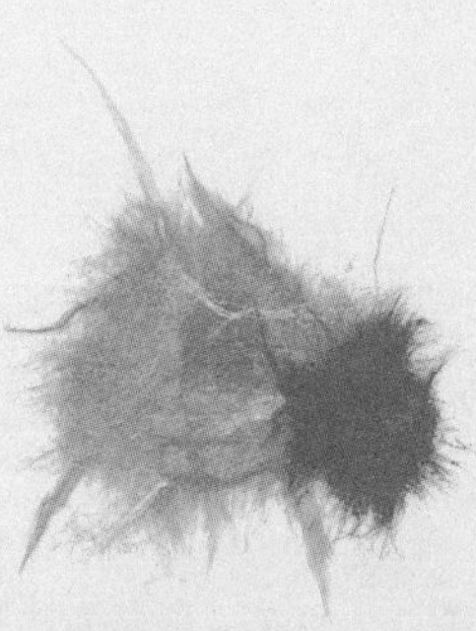

性只是演出節奏。
情將它譜成可聽的歌。

一五四
親密是人在他人的心中，不是在他人的軀體之內。

一五五
心靈的相印沒有距離。
身體無論怎樣接近，也都分居不同的空間。

一五六
人有時將事情顛倒錯置，想以身體的親密界定心靈的親密。

一五七

眞正的親密不可只假身體進行。
它是一種難以超越時空的樂器。

一五八

眞正的親密超越時空。

一五九

身體是一種語言，它有自己的語彙、文法和修辭。
它也有——而且更有——自己的藝術和邏輯。

一六〇

身體的語言往往需要其他個人語言的佐助，使其不致流於機械，不致落入死板。

一六一

身體的語言不能沒有心靈的語言。

一六二

最深刻的個人語言是心靈的語言。

可是最受歡迎的語言有時是身體的語言。

一六三

在人間，最美滿的情的語言是身體的語言涵藏著心靈的語言，並且心靈的語言引發著身體的語言。

一六四

表面的親密不一定有助內心的親密。

但是內心的親密必然光大表面的親密。

一六五

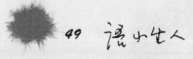

只是性事只是身體的親密。
只是身體的親密只是表面的親密。
只是性事只是表面的親密。

一六六

在情的性事裡，身體是個人的樂器，不是公眾的工具。
（身體有時是公眾的工具。）

一六七

性事的語言是個人的語言。
性事沒有公眾的語言。

一六八

身體的親密需要個人的語言。
心靈的親密需要個人的語言。

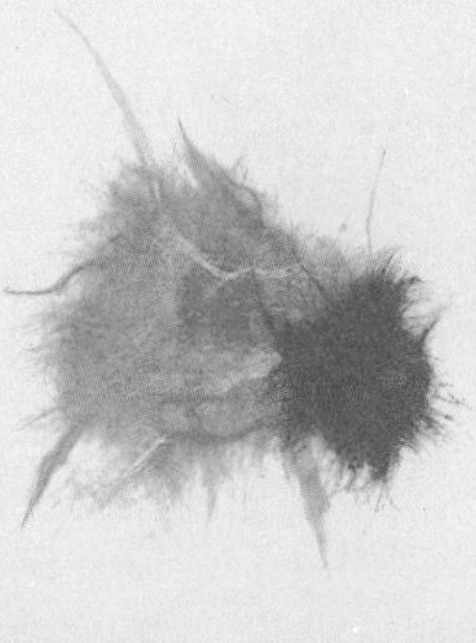

身体的
親密需要
個人的語言。
心靈的
親密需要
個人的語言。

一六九

性事之時，兩人各自使用著自己的個人語言——心靈的語言和身體的語言。

一七〇

兩人的個人語言可以在親密中融會交合，接著一起發展開拓。

一七一

心靈的親密固然訴諸個人語言。身體的親密也不可只藉公衆語言爲之。

一七二

公衆的語言令性事公式化和機械化。

一七三

公衆語言注重平均化和通俗化。

一七四

公衆語言背叛了深度的親密的追求。

一七五

性是順理成章的事，甚至是畫龍點睛的事。
它不是造作強加的事，也不是無可奈何的事。
(因此「做愛」是極端不通的名詞。)

一七六

當兩人的心靈無比親密，身體完全情願自然。

一七七

當靈魂早已合一，身體不再知道分離。

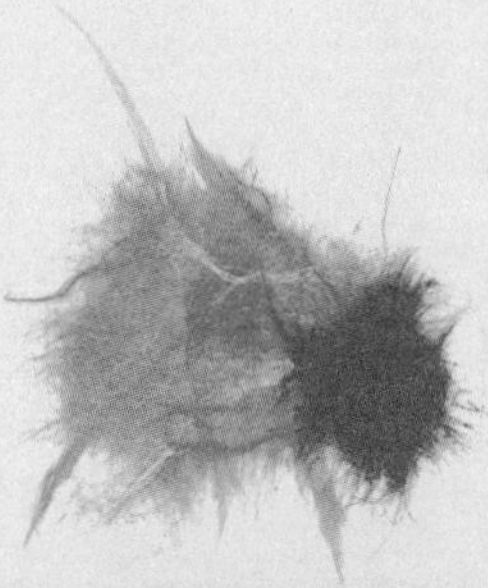

一七八

遠古當初，性可能由男人高興起始。
可是文明的愛一定先經女子辛苦開發。

一七九

我們只見到一個一個男人在歷史上留名。
我們遺忘了一群一群的女子在文明演進中獻身。

一八〇

性的事不一定通過器官爲之。
性的關係也不一定通過器官成立。

一八一

性的事也有它的高度和深度。

（這就是人與其他動物的區別。否則，性與情、性與愛之間，何來通往文明的橋樑？）

一八二

有時人將心靈的事貶低稀釋、壓縮敗壞成爲只是軀體上的事。

一八三

人在感情最微妙的環節上，往往欠缺良好的個人語言。

（因此我們要不斷追尋更高的心境，不斷開發更廣的心靈。）

一八四

那怎會超凡脫俗——當我們在愛情上也許使用著親密的小語言，可是在性事上反而操說粗淺

的大語言？

一八五

公衆的語言是大語言。
兩情相悅的語言是小語言。

一八六

性的事最需涵蘊孕育一套親密的個人語言。

一八七

許多人都有他自己的情的小語言。
但有些人接著開拓出更深遠的愛的意義空間。

一八八

意義空間的開拓是語言形成的必要條件。
不論是大語言或小語言，不論是知的語言或情的語言。

一八九

人在情的小語言中涵養共振，有時進一步交會出更美好的意義空間。

一九〇

兩個情的小語言可以融合開闢出一片愛的新天地。

一九一

有時我們不願輕易啓齒，因爲一經開口好似又落入老套。

一九二

每一次的演奏都是一個新章。

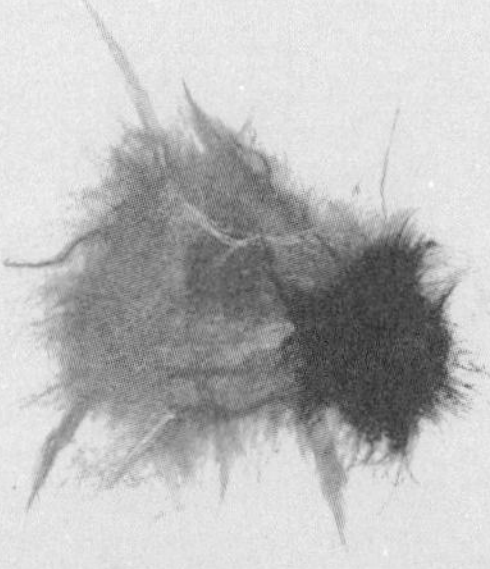

身體的樂曲最是如此。

一九三

愈是親密的樂曲，愈是單一而獨特——不易推廣，更無法複印。

一九四

親密的經驗無法複印。複印之後已不再親密。

一九五

情的經驗是親密的經驗。情的經驗無法複印。

一九六

人生有經驗，有新經驗。

但沒有回頭的再經驗，更沒有來來去去的反覆經驗。
情的經驗更是如此。

一九七
每一次情的經驗都不相同。
每一次情的經驗都不能複印。
每一次情的經驗都應該好好珍惜。

一九八
愛不只是一場經驗。

一九九
愛不必然每次迴異。

二〇〇

愛在情的意義空間裡蘊釀，卻在概念和意志之間絕對化。

二〇一

愛的情意涵釀著愛的語言。
愛的語言絕對化了愛的情意。

二〇二

愛的情意運用「乏晰邏輯」。
愛的語言表敍絕對理念。

二〇三

獲取經驗之餘，我們訴諸記憶、思考和想像。
（情的經驗也是如此。）

二〇四

情的經驗在記憶裡香醇。
情的經驗在思考下堅定。
情的經驗在想像中超升。

二〇五

人在經驗中蒼老，但在思考裡成熟。
情的經驗特別如此。

二〇六

人在經驗中困惑，卻在想像裡解脫。
情的經驗特別如此。

二〇七

情的經歷有時是場燃燒的過程。
（「天若有情天亦老」）

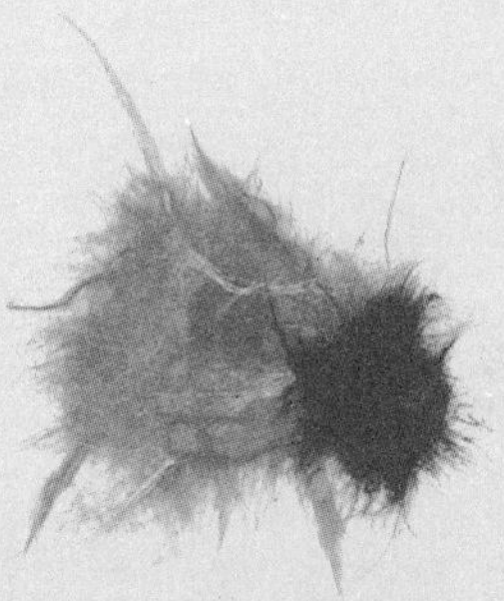

二〇八

愛的經歷是一次堅貞的考驗。

二〇九

情侶追求親密。

他們反對隔閡。

二一〇

相愛的人要求合一。

他們厭惡距離。

二一一

時間的距離中有空間的距離。

空間的距離中涵蘊著時間的距離。

二一二

合一是沒有空間的距離，也不產生時間的距離。

二一三

合一是沒有時間的距離，進一步取消空間的距離。

二一四

即使光速也嫌太過緩慢。
即使只是毫釐分隔也算太過遙遠。

二一五

爲什麼熱戀中的愛侶連光速都嫌緩慢？
因爲他們不耐面面相對，看到的只是「過去」的對方。
他們急於擁抱合一，取消時間的距離。

愛的
經歷是一次
堅貞的
考驗。

二一六

情侶要求在完全合一之中感覺，在完全沒有距離之下涵情。

二一七

完全合一是愛情深刻的夢想。

不要令它變成煽動愛情興奮的引誘。

二一八

眞正的沒有距離是心靈的合一，不是身體依偎的緊密。

二一九

身體無論如何緊密，依舊存有距離。

二二〇

只有心靈的合一眞正取消了空間的距離。

二二一

只有心靈的合一眞正排斥了時間的距離。

二二二

張開眼睛凝視，兩人產生了距離。兩人之間消除了距離，可以不必再使用眼睛互相凝視。

二二三

當心靈沒有距離，互相凝視產生喜悅。當心靈有了距離，交眼對面造成焦慮。

二二四

失去距離令眼睛模糊不清。
沒有距離把感情收聚蘊濃。

二二五

當完全合一時，我們要怎樣明察凝視？
（我們自己對自己怎樣明察凝視？）

二二六

情需要明察凝視。
愛需要明察凝視。

二二七

如果不是由心靈主宰，眼睛的明光還有什麼別
的東西可加以取代？

二二八

有人訴諸心靈的主宰。
有人只用眼睛的明光。

二二九

如果不是訴諸心靈，人類需要明察凝視的距離。

二三〇

愛情有它心靈的凝視。
愛情有它心靈的明察。

二三一

心靈的凝視是眞正的凝視。
心靈的明察是眞正的明察。

二三二

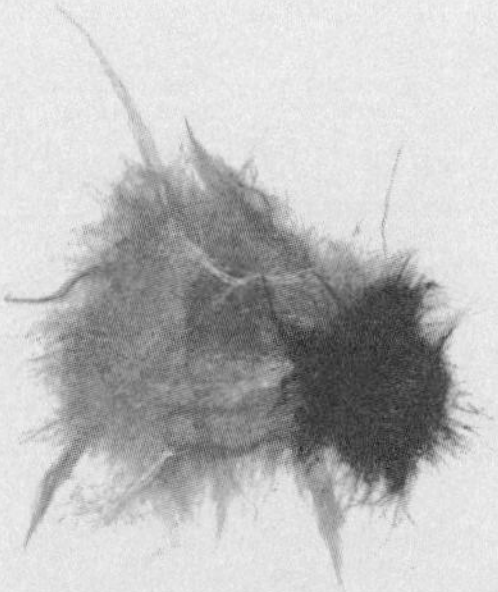

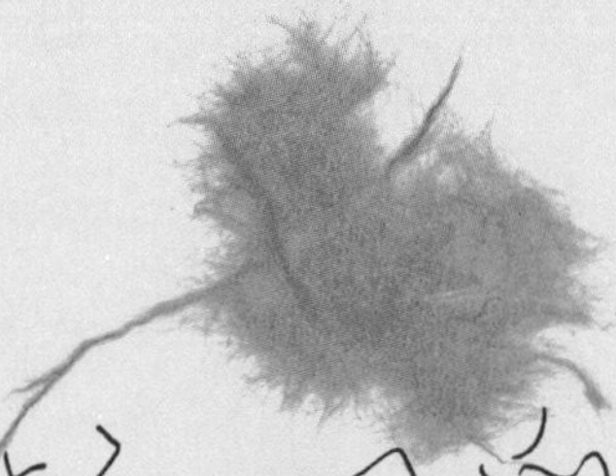

愛情有它
心靈的
凝視。
愛情有它
心果的
明家子。

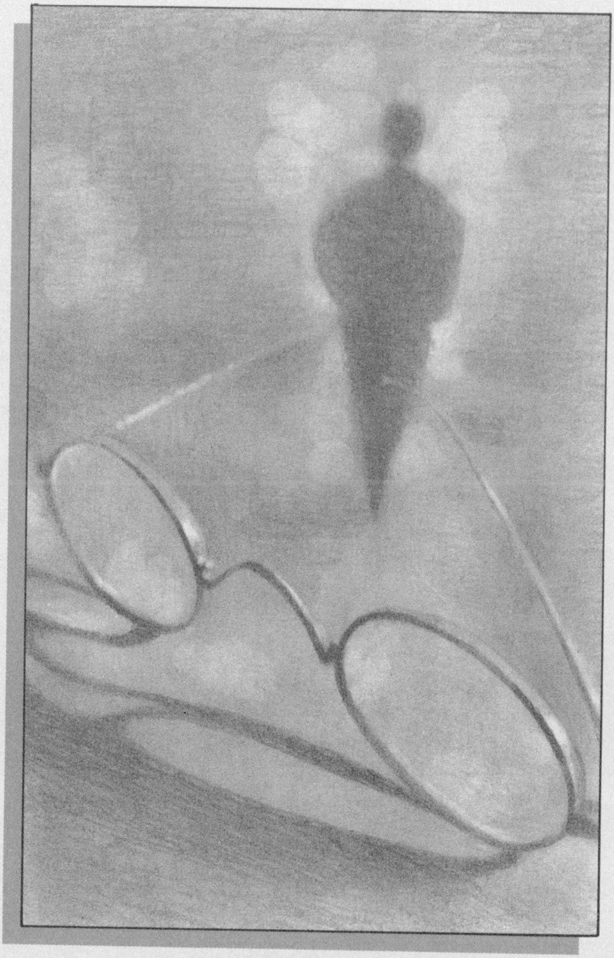

心靈有它的理性。
心靈有它明亮的眼睛。

二三三

愛有它的理性。
愛有它明亮的眼睛。

二三四

愛的深刻把人生的意義提升。
情的複雜令生命的負荷沈重。

二三五

愛從來無懼孤單。
情有時不奈寂寞。

二三六

愛需要一套語言。
情更要求有一件樂器。

二三七

富足的人接受孤單。
欠缺的人感到寂寞。

二三八

孤單是形影的獨立。
寂寞是心情的無依。

二三九

孤單是他人對你的表面印象。
寂寞是自己傾向他人所生的情懷。

二四〇

孤單是一種意境。
寂寞是一種感覺。

二四一

欠缺令人寂寞。
超越引起孤單。

二四二

孤單並非欠缺。
孤單未必寂寞。

二四三

寂寞之時，我們需要他人的扶持，助我們走出人生的苦悶，步往生命的幽情。

二四四

人類的心靈需要孤單的時刻。

二四五

聰明的人善用孤單。
善用孤單的結果令人智慧。

二四六

孤單是建立自己的時光。
孤單是反省自己的時刻。

二四七

相愛是分享彼此的孤單。

二四八

相愛是孤單的時候也不寂寞。

二四九

我們空嘆時間不足。我們將每天二十四小時如何支用？

二五〇

我們沒時間讀書。我們沒時間看畫。我們沒時間聽音樂。我們的時間花費在製造表面印象，追逐皮膚的感覺？

二五一

我們沒有時間細細相愛，我們只有時間匆忙地滿足？

二五二

自己豐盛才有能力給與。
自己貧乏最後只求他人施捨。

二五三

情在於無私給與。
愛不能求人施捨。

二五四

內心貧乏的人對這世界做不出有價值的貢獻。

二五五

自己豐盛，有餘力給與。
自己貧乏，有責任吸收。

二五六

令自己的精神世界豐富，那是人性的一大要

務。

二五七

令自己的感情世界優美，那是人生的一大美德。

二五八

在感情上，豐富的人有責任給與，貧乏的人沒有權利要求。

二五九

在感情上，當我們要求別人的時候，首先必須要求自己。

二六〇

有情是避免你不愛的人愛上你。

二六一

有情是避免製造他人爲你而失戀。

二六二

失戀是情的痛苦，但卻不一定是愛的損傷。

二六三

情在塵世的狹縫中掙扎。
愛卻在遼闊的天空裡飛揚。

二六四

愛可以不投胎演繹成爲世間的情。
（眞正的愛是天上的情。）

二六五

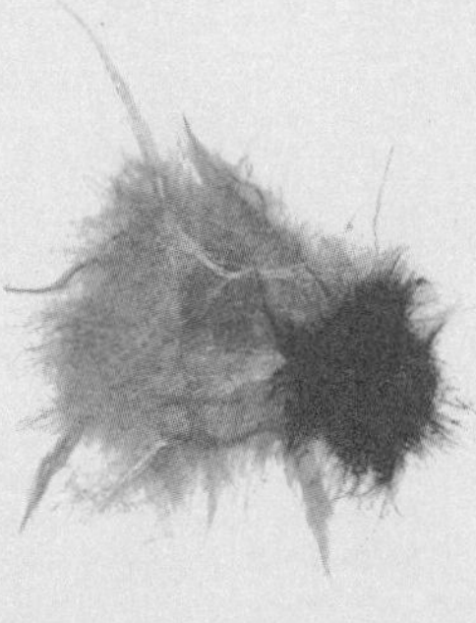

情不斷在塵土上生滅。
愛可以不在人世間輪迴。

二六六
情的發揮有待身體的作爲。
愛的實現存乎內心的肯定。

二六七
有愛而有情是完美的愛。
無愛而有情可能是輕薄的情。
有愛而無情是虛無的愛。
無愛而無情失了人心，遠離人性。

二六八
情的痛苦是把愛鎖在沒有出路的迷網裡。

二六九

閉鎖在情的囚室裡，心容易無視愛的大地與長空。

二七〇

懷著大地長空的喜悅，令人在斗室裡歡欣。秉持愛的心懷，情自有它明顯的笑容。

二七一

情在斗室中淒苦愁悵的時候，爲什麼遺忘了打開生命的小窗，遠眺愛的大地與長空？

二七二

如果情的開始不是起於愛的嚮往，爲什麼愛的追求反而導致情的迷失？

情不斷在
塵土上
生滅。
愛所以不在
人世間
輪迴。

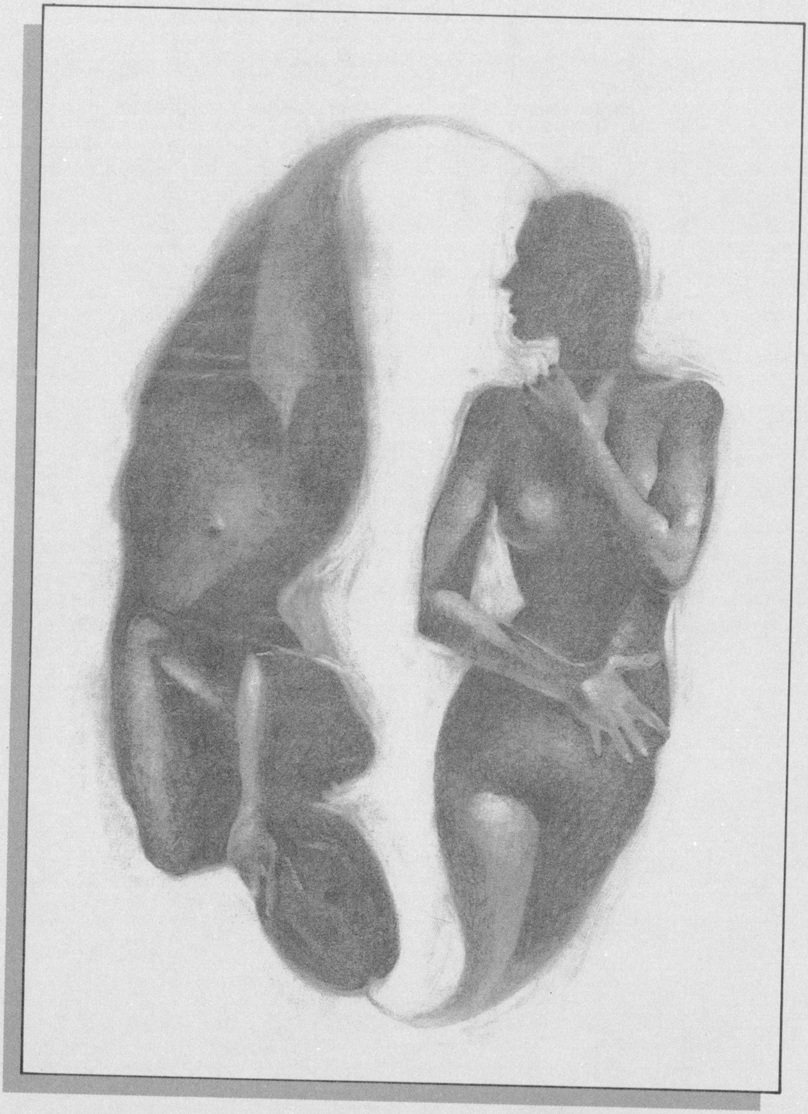

二七三

愛是成全。
割愛有時是更高一層的成全。

二七四

割愛不是否定愛。
割愛是加深地肯定愛。

二七五

無愛不是割愛。
不愛不是割愛。

二七六

沒有愛就沒有割愛。
懂得割愛只因爲懂得愛。

二七七

情有時走向墮落。
愛使它再次提升。

二七八

不懂得愛就急於涉獵情，常常無視愛的眞義。
（這是愼於用情的積極意義。）

二七九

我們寧可在困情之間追尋愛的眞諦。
不要在愛的歡欣裡蹂躪了情的意義。

二八〇

情的弔詭是：有情滿心拘謹，無意一身瀟灑。

二八一

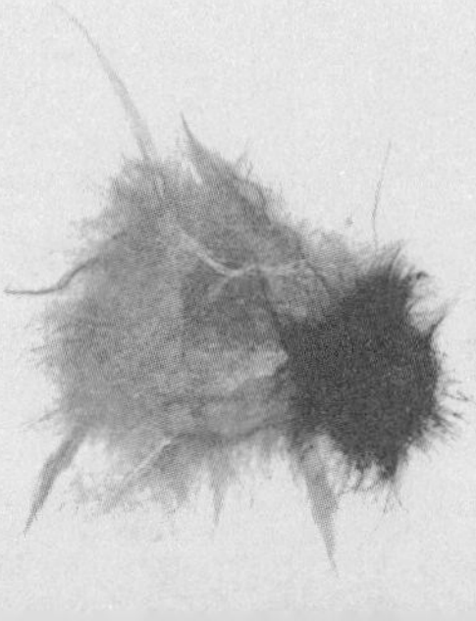

愛沒有弔詭。

二八二

有情的人將過去的歡欣保存懷念。
絕情的人把以往的優美一筆勾消。

二八三

絕情不一定無情。
絕情也不一定無義。

二八四

絕情是將情濃縮變形。
絕情是把情吹熄撲滅。

二八五

情的歡欣不一定就是它的優美。

可是情的優美必然帶來情的歡欣。

二八六

有的人對過去無情，但並非就對過去無義。

二八七

並非盲目憑弔以往就算有情。
不是斷然否定過去就是無義。

二八八

何以情生長年之間，但卻絕於一瞬之內？

二八九

愛注目天上的品質。
情受困於人間的演繹。

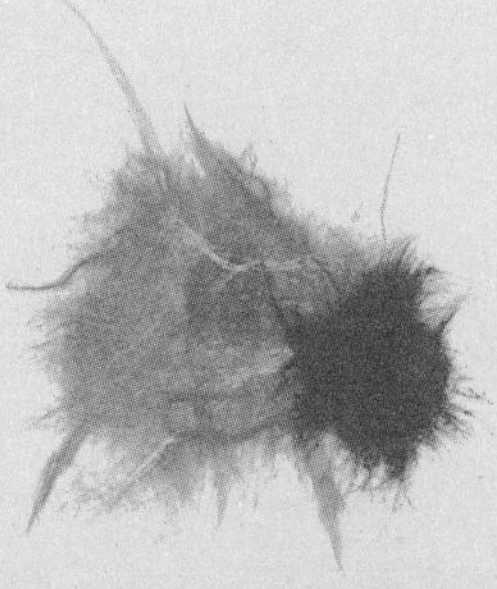

二九〇

有時人不是不再懷念太早匆忙起步的過去，而是更加需要一個愼重重新開始的將來。

（情有過去，愛有將來。）

二九一

在戀愛時，眞情覓尋奉獻的對象。爲什麼在情定的生活中，雙眼轉向可以摘取的目標？

二九二

情有它世俗的困局。

情有它人性的難關。

二九三

眞情有它專注的理想。

但卻沒有必然固執的對象。

二九四

無奈的情變是拋開辛酸苦樂的過去，面向不可預知的將來。

二九五

失戀是把一顆心壓碎在情的往事的殘瓦斷樑之間。

二九六

情在淒苦的時刻，即使是過去的地名也充滿著傷懷的悸動。

二九七

望窗外星光，動魂驚心。

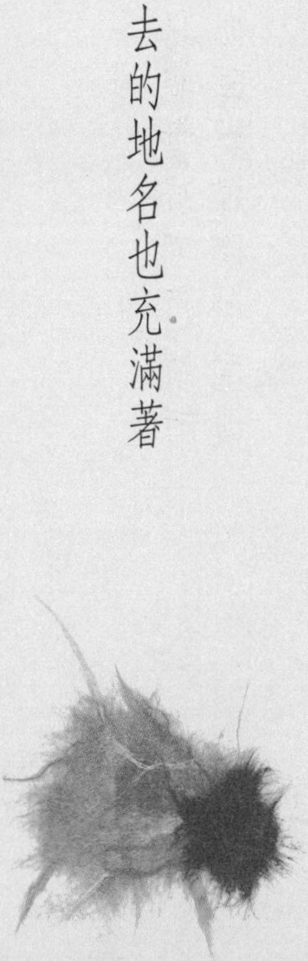

往事如煙，黯然回顧。
舊時的心情多麼振奮。
今日的胸懷又多麼悲淒。

二九八

當情的世界粉碎之後，人間好似暫時不再留有美妙的心靈秩序——只剩下物理的規律和生理的軌道。

二九九

生命的情懷向高遠處開拓凝聚。
人間的關係朝淺近裡附著固定。

三〇〇

望向高遠的長空，愛心飛翔開展。
局限溫馨的斗室，情意開花飄零。

三〇一

哭泣的不是失去一個心上的戀人。
悲傷的是一個美麗的故事的毀滅。

三〇二

坐在碎紙機前啞然沈默。過去的千言萬語，甜蜜影像，全都化做絲絲紙屑，縷縷斷條。

三〇三

當愛的心語和戀的倩影銷毀磨碎，過去的生命頓成一大甕情的骨灰。

三〇四

情的骨灰撒還大地。
愛畢竟屬於天上。

情的
骨灰撒遍
大地。
愛
屬於
天上。

畢貞

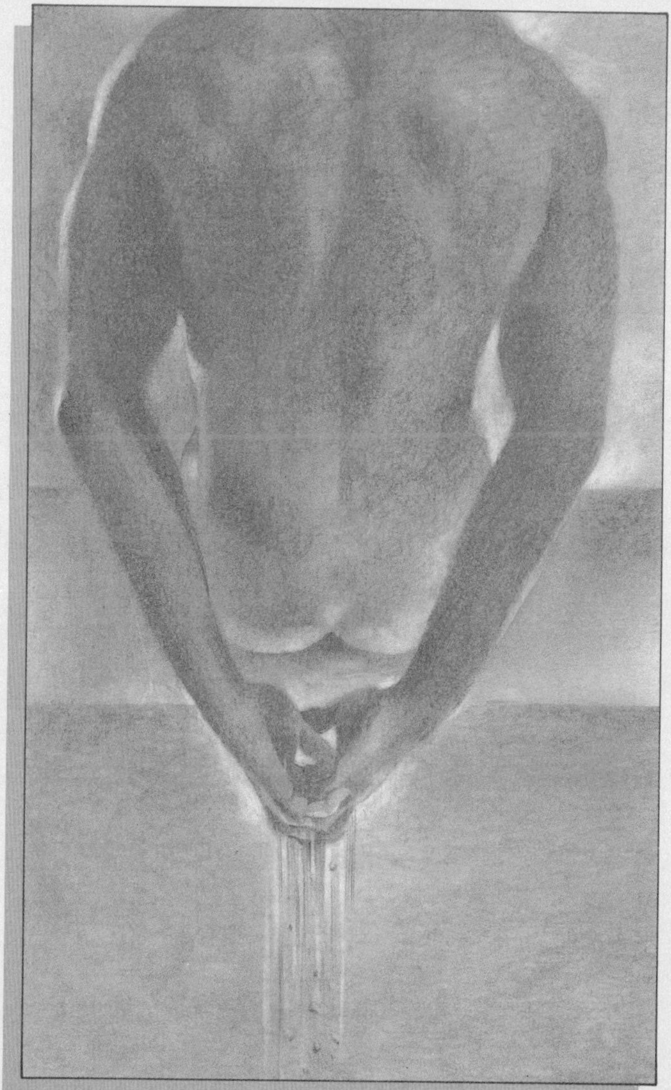

三〇五
愛屬於天上。
我們曾經借取滋潤自己的生命。
或許也滋潤了對方的生命。

三〇六
當情死愛亡之後，我們應該雙手捧將純眞的心奉還天上。
不要敗壞了愛那崇高優美的原樣。

三〇七
曾經細問情人的心語，將它寫在滿星夜晚的天上。

三〇八

天上的星星曾經有過情人的名字。

三〇九

只要不是從深刻的愛流變成膚淺的情，人生何憾？

三一〇

曾經要求是眞的，也努力要創造成美的。
最後也許只剩下悲懷滿天的神聖。

三一一

我們都深知歷史那蒼老的過去曾經涵藏多少褪色的愛情的誓語。
但我們仍然深深寄望，默默期許。

三一二

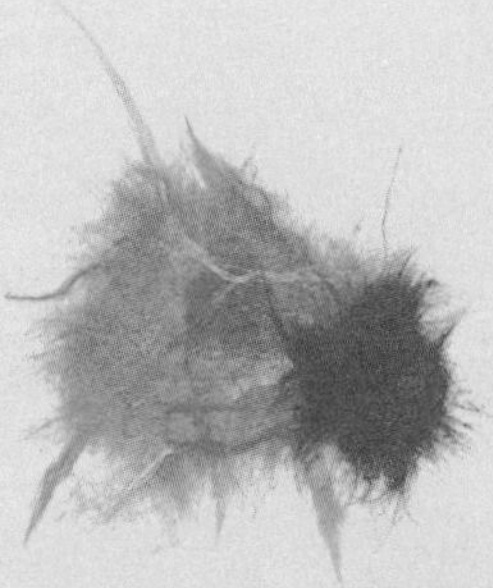

我們只在編寫一個小小的故事。我們所成就的可能只是私人一己的快慰，要當心的是不要敗壞世間人性的理想。

三一三

仰望藍天裡白雲飄移飛逝。只願曾經眞摯的情懷不要在歷史的飛塵流沙裡消失無蹤。

三一四

是因爲曾經無知受騙，如今眞情也不敢輕易相信？是因爲曾經無奈失足，如今也不自覺地欺瞞眞情？

三一五

對方曾經對這個世界失望。
因此你加倍努力，希望令他見到一片人性的光。

三一六

你跳入對方心中的井，不是要打亂他的心情。
你走進他心情的旋渦，爲了帶引他走出一條愛的路。

三一七

在這世界上，並不是呻吟的人才是痛苦的人。

三一八

當親愛的人在呻吟的時候，自己忘記了自己的痛苦。

三一九

當心愛的人在痛苦的時候，自己不忍心品嚐已有的快樂。

三二〇

當親愛的人心情沈迷，無法下嚥，自己也變得食而無味，不知飢渴。

三二一

當親愛的人正在爲情消瘦，自己怎能心寬體暢。即使他不是爲自己而消瘦。

三二二

情是自投羅網。愛是心甘情願。

三二三

在愛裡，早已不是應該不應該，而是情願不情願。

（感情的事常常沒有應該不應該，只有情願不情願。）

三二四

愛從來不講究公平。

人性的事永遠沒有公平。

三二五

情侶整夜無眠。

滿心滿懷皆是一個情字。

滿心滿懷只有一個你。

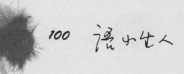

三二六

情到深濃時，你不只愛一個人的現在。
你也愛他的過去。
你也愛他的將來。

三二七

有時情人的過去令你充滿情的淒傷。
但是他的未來卻讓你滿懷愛的希望。

三二八

心愛的人的過去也許令你痛苦。
但是你的含忍卻令心愛的人遠離它。

三二九

愛是含忍對方的過去，爲他開創一個不再令他
遺憾的未來。

三三〇
愛一個人是以自己的痛苦去免除對方的痛苦。

三三一
情將淒苦化做心的隱痛。
心將情的隱痛變成淚的昇華。

三三二
我們在具體的事例裡受創的痛苦，需要在抽象的情懷中加以稀釋，加以消解。

三三三
不要用具體的細節令情懷受苦。
我們要以抽象的情懷包容痛苦的具體的細節。

三三四

抽象指向空靈。
抽象的情懷通往空靈的世界。

三三五

愛是空靈的事。
眞正的愛是空靈世界裡的情。

三三六

我們生在有男有女的世界。
它給人類難題，也給人類希望。
它給人類痛苦，也給人類快樂。

三三七

人類的感性建立在有男有女的基礎上。
人類的理性建立在有男有女的條件中。

人類的文明建立在有男有女的前提下。

三三八

並非倘若人間沒有男女之分，世事就會更加圓滿。

事實上，正好相反。

三三九

倘若世上完全沒有不公平，人生就一定最爲圓滿？

那時我們接著追求什麼？人性又向何處開展？

（世上沒有絕對的公平，我們只能盡心盡力而已。）

三四〇

當然既有愛情又有實惠確是人間一大快事。

愛是
心靈的事。真心的
愛是
心靈世界裡的
情。

可是如果兩者不可兼得呢？

三四一

爭取權益而失了愛情，不如在獲取愛情之間，認識權益的面目。

三四二

宣布自己不需對方公平以待的，往往是個懂得愛情的人。

三四三

一味強調需要不平等的人，當然是不善用情的人。可是善用情的人往往容忍自己被放置於不平等的地位。

三四四

含情的追尋者和懷怨的追尋者，心中見到不同的感情景象。

兩種人甚至懷有不同的人性理想。

三四五

常常是含情的男子在爲女子爭取平等。

常常是懷怨的女子在爲女子爭取權益。

三四六

有時男子爲女子爭取平等，不必太過顧慮走錯方向。

可是女子爲女子爭取權益，必須小心注意其所爭取的目標。

三四七

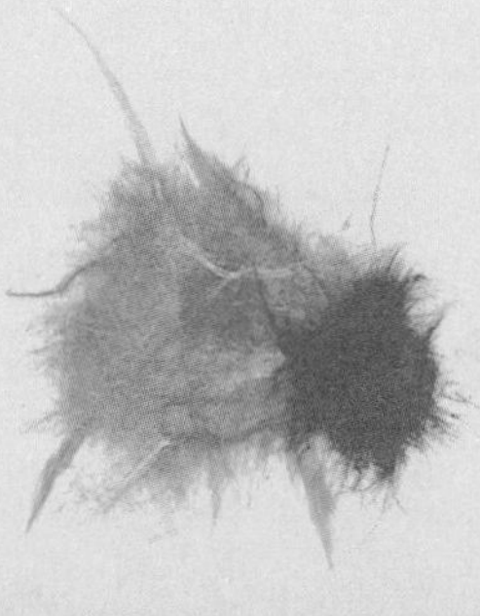

人生需要堅強的勇敢。
人生也需要輕柔的撫慰。

三四八

男子的堅強不是用來逞威，而是用來呵護。

三四九

人性的文明傳統需要人類那男子氣慨的呵護。

三五〇

女子的孅柔不是爲了示弱，而是爲了給人輕柔的撫慰。

三五一

人性的感情樣貌需要人類那女子性情的撫慰。

三五二

武力顯示堅強。
眞理常呈孅弱。

三五三

意志顯示堅強。
眞情常呈孅弱。

三五四

堅強與孅弱並不是事物本身的價值，它們只是
事物運作的情狀。

三五五

當然男子也需要女子的珍惜。
當然男子也需要女子的愛護。
（男子並沒有比女子具備更能忍受傷痛的天賦

能力。）

三五六

情不在天賦。

情貴在人爲。

三五七

無需男子珍惜的女子不必追求愛。

無需男子愛護的女子不懂得眞情。

三五八

同情一個女子並不是可憐她，而是珍惜她。

三五九

同情一個女子並不是低視她，而是愛護她。

三六〇

無需呵護的女子不需要愛。
沒有心存呵護的男子不應進行情愛。

三六一

生命需要呵護。
生命需要情愛。

三六二

人性需要呵護。
人性需要眞情與眞愛。

三六三

世界上本來就不是公平的。
否則爲什麼有人生而爲男，有人生而爲女？

三六四

假平等的虛相所帶來的冷漠，怎能取代在不平等之間所激發的良心？

三六五

有人寧可背負大男人主義之名去呵護女子，也不假冒一個自由平等主義者的姿態去蹧蹋她們。

三六六

不管叫做大男人主義也好，稱爲保護主義也罷，總之，女子需要男子深情的呵護。

三六七

不管叫做傳統主義也好，稱爲保守主義也罷，總之，人性需要我們深情的呵護。

三六八

男人多情。
女子深情。

三六九

男人適合去愛。
女子擅長被愛。
（我們常常在愛別人的時候提升自己，卻在被人所愛之間令自己墮落。）

三七〇

女子常常在愛人的時候專志。
男人卻往往在被愛之間變心。

三七一

男人的感情有時夾雜著一份冒險的心志。
女子的感情往往附帶著一片安全感的追求。

三七二

男人喜愛探險。
女子善於守成。

三七三

我們都知道上天造人有男有女。
這是上天的明智，或是祂的苦衷？

三七四

我們都知道上天造人常常對女性不公平。
這是上天的不智，或是祂的無奈？

三七五

愛一個女子是保護她，免受命運的歧視。

三七六

愛一個人不是消損對方，不是將對方燒燼。

三七七

愛滋潤對方。
情有時令對方燒成灰燼。

三七八

每一個人雖然具有先天的賦與和限制，但是仍然可以事後選擇扮男扮女的角色。

三七九

女子常常喜歡和男子一起，道說比較深刻的事理。

愛
滋潤
情
燒成
灰燼。

對方。
有時令對方

男人常常喜歡和女人一起，沈溺於比較多樣的感覺。

三八〇

每一個快樂的男人的背後，都有一個任勞任怨的女人。

三八一

每一個快樂的女人的生命中，都有一個殷勤體貼的男人。

三八二

婚姻講究合作。可是過分注重彼此滿足，常令婚姻失敗。

三八三

力求彼此滿足並不就是愛。
那只是情的世界中，兩個合夥人的默契或合作條件。

三八四

婚姻常常是種合夥。
有的婚姻是愛情的合夥，有的是其他方面的合夥。

三八五

婚姻可以超乎合夥之外，立足情愛的天上。

三八六

前衛的藝術是一波波的浪。
有志的藝術家不能只是騎劫浪峰的海鷗。
一個浪峰能夠停留多久？

三八七

性的浪峰上經常難以佇立愛的海鷗。

三八八

性有時成了愛的前衛藝術。

三八九

性的浪峰能夠停留多久？
有情的人可以只當騎劫浪峰的愛的海鷗？

三九〇

生命的情趣可以是個漫無邊際的宇宙。
可是人生的工作卻要是些可以依時完工的片塊。

三九一

情是人生的工作。
愛是生命的事業。

三九二

情是文明的屏障。
愛是人性的工程。

三九三

有情而不善節制，結果演成無情。
我們不可以情爲名意圖吞沒整個宇宙。

三九四

人一意圖吞沒，已遠遠離開了情。

三九五

有情而不善加演繹，結果只剩下光彩的以往的片斷。只有極少數的人能夠只滿足於以往片斷的光輝。

三九六

性因爲被掩蓋才成了問題，或是因爲是問題才被人加以掩蓋？

三九七

爲什麼愛的純潔是由性的專一加以維護？

三九八

性有時被提升，成了情的象徵。

三九九

性不可能成爲愛的記號。

四〇〇

性有性的語言。
愛有愛的語言。

四〇一

性與愛各有不同的小語言。

四〇二

愛的語言滋養提升了文明的語言。
文明的語言征服改造著性的語言。

四〇三

性只是隱含的提示。
心才是明確的證明。

四〇四

爲什麼隱含的變成清晰惱人，而明確的卻顯得不易分辨？

四〇五

仍然存在，但已經感到有如喪失。這不僅是悲觀，那幾乎是絶望。

四〇六

有時我們對人性感到悲觀。

有時我們對愛情感到絶望。

（不要因爲對少數人失望，就對人性失望；不要在一次愛情裡受傷，就貶低了愛的純潔和高尚。）

四〇七

悲觀的人依舊可以信仰。
絶望的人没有勇氣相信一切。

四〇八

悲觀的人將世上的愛情歸結於變——不相信永恆的眞情。

四〇九

絶望的人把人間的愛等同爲騙——自欺與欺人。

四一〇

愛的形象在意志中建立，卻在感覺裡消溶。

四一一

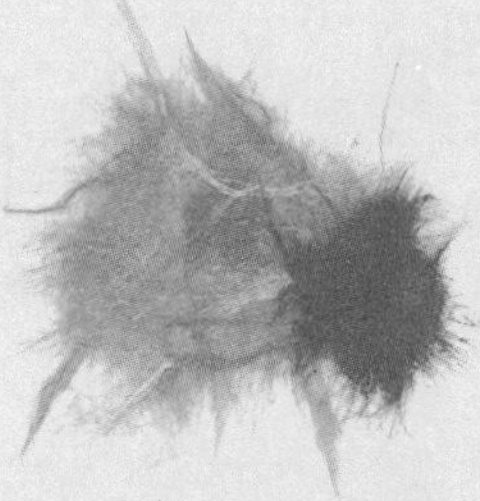

愛如形象在意志中建立，卻在感覺裡消溶。

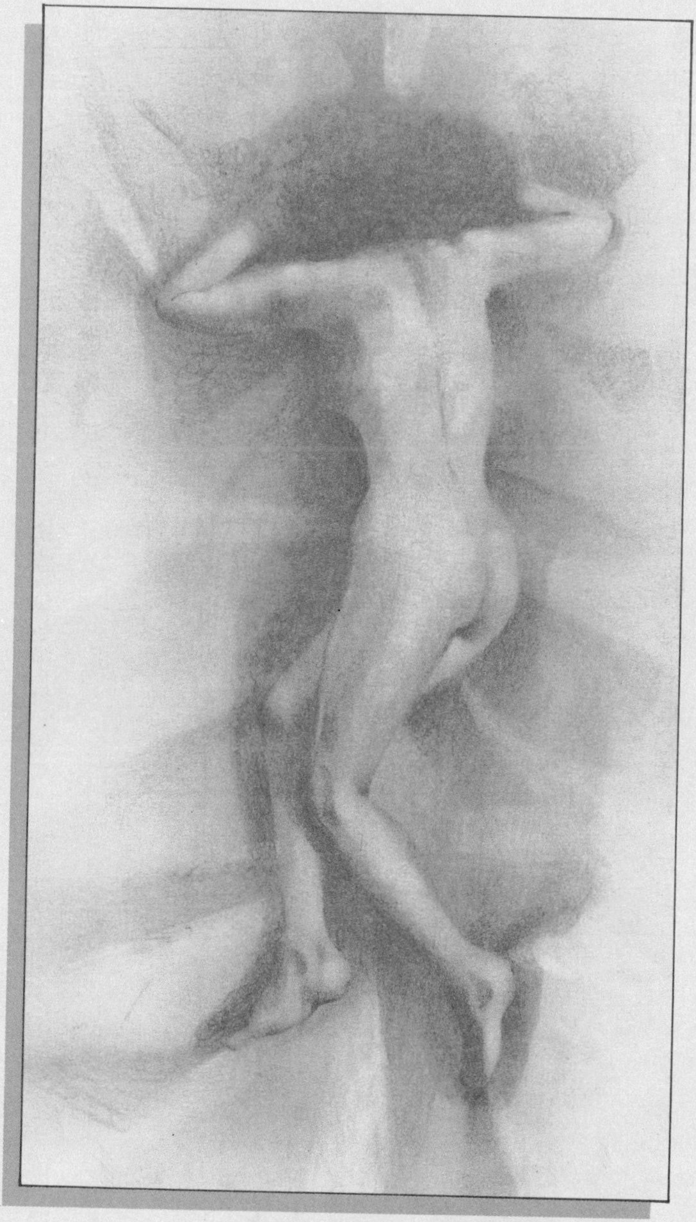

失望之餘，愛的形象不斷在感覺中剝落，過去的美好變成今日的殘破。

四一二

失去戀人的人，好像對大地再也沒有了牽掛。可是對於續存在大地上的親人呢？

（眞正的愛含有一份親情。）

四一三

失戀的人對時間再也沒有依戀。可是對繼起在時間裡的生命呢？

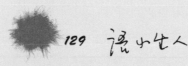

（愛含有一份敬意。）

（眞正的愛是天上的情。）

四一四

濃烈的深情也許沒有在對方的心中長存，甚至在自己的記憶裡也將淡去。
但是它的眞實卻飄傳在清風原野之間，流盪在
人心人性的潮汐波浪裡。

四一五

當年的情懷也許不堪回首。
可是仰望頭上那點點白雲，傾聽原野裡那絲絲
清風！

四一六

情的成功令人生添增更加歡樂的前景。
情的失敗使人性肩負更爲嚴肅的使命。

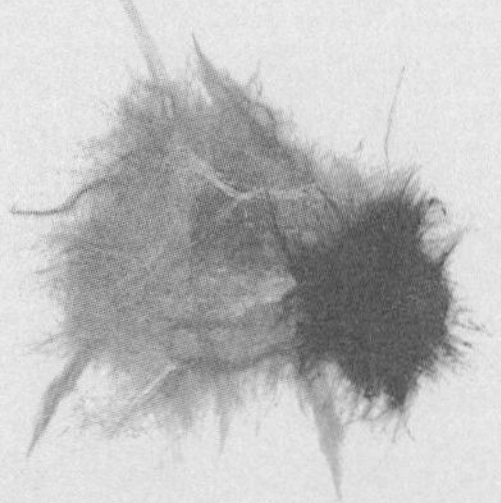

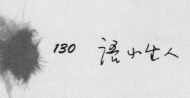

情的成功令人生添增更加欢乐的前景。

情的失败使人生肩負更为嚴肅的使命——。

國立中央圖書館出版品預行編目資料

人生小語. 七,我愛故我在／何秀煌著.
-- 初版. -- 臺北市：東大發行：三
民總經銷, 民84
面；　公分. --(滄海叢刊)
ISBN 957-19-1885-7 (精裝)
ISBN 957-19-1886-5 (平裝)

1.格言　2.修身

192.8　　84008292

©人生小語(七)
—我愛故我在

著作人　何秀煌
發行人　劉仲文
著作財產權人　東大圖書股份有限公司
臺北市復興北路三八六號
發行所　東大圖書股份有限公司
地　址／臺北市復興北路三八六號
郵　撥／〇一〇七一七五——〇號
印刷所　東大圖書股份有限公司
總經銷　三民書局股份有限公司
門市部　東大圖書股份有限公司
復北店／臺北市復興北路三八六號
重南店／臺北市重慶南路一段六十一號
初　版　中華民國八十四年九月
編　號　E 85319①
基本定價　肆　元
行政院新聞局登記證局版臺業字第〇一九七號

ISBN 957-19-1885-7 (精裝)